RÈGLEMENTS

SUR L'ADMINISTRATION

DE

L'INSTITUT DE FRANCE

COMMISSION ADMINISTRATIVE CENTRALE

SERVICE DU SECRÉTARIAT ET DU MATÉRIEL

COMPTABILITÉ DES FONDATIONS

PARIS

—

1917

RÈGLEMENTS

SUR L'ADMINISTRATION

DE

L'INSTITUT DE FRANCE

COMMISSION ADMINISTRATIVE CENTRALE

SERVICE DU SECRÉTARIAT ET DU MATÉRIEL

COMPTABILITÉ DES FONDATIONS

RÈGLEMENT

POUR LA

COMMISSION ADMINISTRATIVE CENTRALE

Adopté dans la séance du 21 février 1917
et approuvé par arrêté ministériel du 26 mars 1917

--- --- ---

ARTICLE PREMIER.

La Commission administrative centrale de l'Institut, conformément à l'article 5 de l'ordonnance royale du 21 mars 1816, à l'article 29 du règlement annexé à l'ordonnance royale du 26 octobre 1832 et à l'article 1ᵉʳ du décret du 12 mai 1884, se compose de deux membres titulaires de chacune des cinq Académies de l'Institut et des secrétaires perpétuels.

Chaque année, les deux membres à nommer pour l'année suivante par chacune des cinq Académies sont élus dans le courant de décembre. A l'expiration de leurs fonctions, ils peuvent être réélus.

En cas de vacance pendant le cours de l'année, celle des cinq Académies qui ne se trouverait plus représentée dans la Commission que par un membre devra immédiatement nommer le second commissaire pour le temps qui restera à courir.

ARTICLE 2.

La Commission est présidée tour à tour, pendant la durée d'une année, par le plus ancien des deux membres élus par chaque Académie, de manière que, tous les cinq ans, chacune des cinq Académies se trouve appelée, dans la personne de l'un de ses deux commissaires, à présider la Commission. L'ordre de présidence pour chaque Académie est réglé d'après l'ordre dans lequel sont placées les cinq Académies sur l'*Annuaire de l'Institut*, en conséquence des ordonnances royales précitées.

Le président de la Commission entre en fonctions dès la première séance du mois de janvier, et n'est renouvelé qu'à la première séance du même mois de l'année suivante.

En l'absence ou à défaut du président, il est suppléé ou remplacé par le second commissaire de l'Académie à laquelle la présidence se trouve dévolue; à défaut de l'un et de l'autre, la Commission est présidée par un des présidents antérieurs.

ARTICLE 3.

Chaque année, dans sa première séance, la Commission nomme au scrutin secret et à la pluralité des voix, parmi les membres autres que les secrétaires perpétuels, un secrétaire dont les fonctions expirent au bout d'un

an, comme celles du président. Il peut être réélu chaque
année.

En cas d'absence ou d'empêchement, le secrétaire
est remplacé dans toutes ses fonctions par un autre
membre désigné par la Commission.

Article 4.

La Commission se réunit au moins une fois par
mois, sauf en août et septembre, sur la convocation de
son président, à un jour fixé par son règlement intérieur.

Le président convoque, en outre, la Commission
toutes les fois que l'exigent l'importance et l'urgence
des sujets de délibération et toutes les fois que la demande lui en est adressée par quatre membres.

Article 5.

L'ordre du jour de chaque séance est arrêté par le
président, sur la proposition du secrétaire.

A cet effet, chaque chef de service : chef du Secrétariat, conservateur de la Bibliothèque, ou Conseil
technique transmet au secrétaire, dix jours avant la
réunion, les propositions à soumettre à la Commission
centrale, avec un rapport ou une note explicative.

Les secrétaires perpétuels lui feront connaître à la
même date les affaires concernant leur Académie qui
doivent être soumises par eux à la Commission.

Les présidents des Commissions spéciales à certaines
fondations lui transmettront les rapports ou les notes
rédigés par les agents de ces fondations ou par les
membres des Commissions et approuvés par celles-ci

sur les affaires à soumettre à la Commission centrale.

Les membres de la Commission centrale chargés par elle, de rapports sur des affaires spéciales les lui transmettent de même.

ARTICLE 6.

Dans la semaine qui précède la séance mensuelle de la Commission administrative, les secrétaires perpétuels et le bureau de la Commission administrative se réunissent pour examiner celles des affaires à soumettre à la Commission centrale dans cette séance qui n'ont pas fait l'objet de l'examen d'une Commission spéciale. Sont également examinées dans cette réunion les propositions des Commissions spéciales qui intéresseraient particulièrement une Académie.

Lorsque la réunion des secrétaires perpétuels doit examiner une affaire qui a fait l'objet d'un rapport d'un membre de la Commission ne faisant pas partie de cette réunion, le rapporteur est averti et peut assister à la séance.

ARTICLE 7.

La Commission centrale délibère, après audition des notes ou rapports prévus à l'article 5, complétés s'il y a lieu pour lui faire connaître les observations faites par la réunion prévue à l'article 6 ci-dessus.

En cas d'urgence, une affaire peut être soumise directement à la Commission centrale sans qu'il ait été procédé comme il est dit aux articles 6 et 7 ci-dessus. Mais en aucun cas, la Commission ne peut délibérer qu'après avis donné à chaque membre avant la séance que l'affaire est ajoùtée à l'ordre du jour et après audition d'une note ou d'un rapport, communiqué préalablement au secrétaire et qui restera annexé au procès-verbal.

ARTICLE 8.

Aucune décision ne peut être prise si le nombre des membres ne s'élève pas à six au moins.

En cas de partage des voix, le président a voix prépondérante.

ARTICLE 9.

Le procès-verbal de chaque séance de la Commission est rédigé aussitôt après la séance par le secrétaire, qui en donne lecture à l'ouverture de la séance suivante, le fait signer au président et le signe lui-même aussitôt après que la Commission en a approuvé la rédaction.

La Commission peut ordonner qu'une de ses décisions sera exécutée avant que le procès-verbal de la séance ait été lu et adopté. Mention en est faite audit procès-verbal.

ARTICLE 10.

Le secrétaire de la Commission centrale est chargé de veiller à la tenue des dossiers et archives des divers services de l'Institut qui ne sont ni spéciaux à une Académie, ni confiés à une Commission spéciale.

Il fait tenir un registre dûment répertorié des décisions de la Commission. Ce registre mentionne la suite donnée à chacune de ces décisions.

Tous les documents et pièces destinés à la Commission centrale lui sont adressés et ceux qui parviennent aux divers services lui sont aussitôt communiqués. Il les fait connaître au président s'il y a lieu.

Tous sont inscrits sur un registre d'entrée par le commis d'ordre.

ARTICLE 11.

La Commission régit et administre, sous l'autorité du ministre de l'Instruction publique, tous les services de l'Institut et toutes les propriétés foncières ou mobilières, fondations ou dotations, communs aux cinq Académies ainsi que tous les fonds qui sont affectés à ces services communs.

Elle édicte les règlements nécessaires pour le fonctionnement de tous ces services.

Elle nomme à tous les emplois auxquels il n'est pas pourvu autrement en vertu d'un texte spécial.

ARTICLE 12.

Le président de la Commission, ou à son défaut le secrétaire, entretient directement, avec le ministre, les autres autorités administratives et chacune des cinq Académies de l'Institut la correspondance relative aux propriétés foncières, fondations ou dotations appartenant en commun aux cinq Académies, sous réserve des dispositions spéciales à la fondation de Chantilly.

Il soumet à l'assemblée générale de l'Institut les délibérations qui exigent son approbation.

ARTICLE 13.

Chaque année dans sa séance de novembre, la Commission est saisie des propositions de chaque chef de service relatives aux indemnités à allouer aux agents placés sous ses ordres, pour l'année suivante, ou aux propositions d'augmentations de traitements présentées en leur faveur. Aux propositions du chef du Secrétariat et du conservateur de la Bibliothèque est joint l'avis du Conseil technique faisant connaître si les crédits permettent d'y donner suite et indiquant le montant total des allocations de toute nature que reçoit chaque agent sur le budget de l'État ou sur les ressources propres de l'Institut, des Académies ou des fondations.

Sont seules imputées sur les ressources d'une fondation les indemnités pour travaux spéciaux à cette fondation. Toutes autres allocations qui ne sont pas payables sur le budget de l'État sont imputées sur les frais communs d'exécution des fondations.

Les indemnités annuelles sont payées par quart à la fin de chaque trimestre.

Le tableau des traitements et des indemnités autres que les traitements imputés sur le budget de l'État ne peut être modifié en cours d'exercice qu'en cas de modifications dans la consistance du personnel ou dans les attributions des divers agents.

Aucune indemnité, gratification ou allocation ne peut être accordée sur les fonds d'un exercice en dehors de celles qui figurent au tableau annuel, si ce n'est pour travaux exceptionnels et imprévus qui ne seraient pas de nature à se reproduire dans les exercices suivants, ou à titre de remboursement de dépense ayant pour origine une circonstance exceptionnelle.

ARTICLE 14.

Les marchés à passer pour l'exécution des délibérations de la Commission centrale ou des Commissions des fondations sont préparés par le Conseil technique et les commandes sont faites par lui, sauf en ce qui concerne les achats d'ouvrages pour les bibliothèques ou les travaux à exécuter sous la direction des architectes.

A cet effet, les chefs des divers services ou les secrétaires des fondations lui font connaître leurs besoins, avec tous les renseignements utiles sur la qualité des fournitures et les dates des livraisons.

Les dépenses payables d'urgence avant ordonnancement et, s'il y a lieu, les menus achats et les impressions faits par les soins des chefs de services de l'Institut pour le service courant, sont payés sur fonds d'avances par le receveur des fondations.

Le Conseil technique est chargé, sous le contrôle du président et du secrétaire de la Commission, de la surveillance de tous les encaissements faits pour le compte des membres de l'Institut en vertu de délégations.

ARTICLE 15.

Le titre d'agent spécial de l'Institut est supprimé.

ARTICLE 16.

Le présent règlement sera soumis à l'approbation du ministre de l'Instruction publique.

Il recevra son exécution et sera substitué au règlement approuvé par décision ministérielle du 17 septembre 1841 et au règlement intérieur du 29 décembre 1886, aussitôt qu'il aura reçu cette approbation.

Le Président de la Commission administrative
centrale de l'Institut,

Signé : FRÉDÉRIC MASSON.

Le ministre de l'Instruction publique et des Beaux-Arts,

Arrête :

Est approuvé le règlement intérieur pour la Commission administrative centrale de l'Institut de France adopté dans sa séance du 21 février 1917 et tel qu'il est ci-annexé.

Fait à Paris, le 26 mars 1917.

Signé : T. STEEG.

RÈGLEMENT

POUR

LE SERVICE DU SECRÉTARIAT

Adopté dans la séance
de la Commission administrative centrale
du 22 mai 1917
et approuvé par arrêté ministériel du 13 juin 1917

ARTICLE PREMIER.

Le service du Secrétariat de l'Institut comprend la
réception, la distribution et l'expédition de la correspondance, la tenue des registres et la conservation des
archives, la surveillance de tout le matériel et l'entretien
des locaux, en tout ce qui n'est pas assuré par le service des bâtiments civils, conformément à l'arrêté ministériel du 6 août 1886. Le chef du Secrétariat peut en
outre recevoir une délégation écrite du secrétaire perpétuel de chaque Académie en ce qui concerne certaines
parties du service de cette Académie.

ARTICLE 2.

Le chef du Secrétariat est placé sous les ordres du
président ou, à son défaut, du secrétaire de la Commission administrative centrale, en ce qui concerne les

affaires générales de l'Institut, et sous les ordres des secrétaires perpétuels, en ce qui concerne les services de chaque Académie.

Il a sous ses ordres les employés des bureaux et les gens de service, à l'exception de ceux qui sont attachés spécialement aux services de la Bibliothèque ou de la Comptabilité et de ceux qui pourraient être affectés exclusivement au service d'une Académie et payés sur ses fonds particuliers.

Un employé du Secrétariat est spécialement attaché au service de chaque Académie. Tout en continuant à participer à l'exécution des autres services, cet employé doit d'abord exécuter les travaux qui lui sont donnés directement par le secrétaire perpétuel de l'Académie au service de laquelle il est attaché.

ARTICLE 3.

Le bureau du Secrétariat est ouvert tous les jours, sauf les dimanches et jours fériés, de dix heures du matin à six heures du soir.

Tout employé doit y être présent chaque jour pendant six heures. Le tableau des heures de service de chacun est arrêté par le président de la Commission administrative centrale, sur la proposition du chef du Secrétariat et affiché au Secrétariat.

Toute dérogation doit être préalablement autorisée par le chef du Secrétariat, qui en tient note sur un registre.

Les bureaux restent ouverts au delà de l'heure réglementaire de leur fermeture tant qu'une séance se prolonge.

Article 4.

Le chef du Secrétariat veille à l'enregistrement de la correspondance administrative et des ouvrages, mémoires, notes et documents envoyés aux différents concours de l'Institut et des Académies. Il assure leur transmission aux secrétaires perpétuels ou au secrétaire de la Commission administrative centrale, dès leur arrivée, conformément aux instructions de chacun de ceux-ci.

Il signe les correspondances relatives aux affaires courantes de son service et fait connaître au Conseil technique les besoins auxquels il doit être pourvu par des marchés.

Il veille à la transcription des décisions et des procès-verbaux sur les registres et à la tenue des archives.

Sous l'autorité des présidents il veille à l'ordonnance des séances publiques ou particulières et des cérémonies.

Article 5.

Le chef du Secrétariat répartit le travail entre les rédacteurs et les agents suivant les besoins du service, en tenant compte de l'emploi de chacun d'eux.

Toutes instructions données aux employés placés sous ses ordres doivent passer par son intermédiaire, à l'exception de celles qui sont données par chaque secrétaire perpétuel à l'employé attaché à son Académie, lequel en rend compte au chef du Secrétariat.

Si un employé déclinait le travail que lui assignerait

le chef du Secrétariat, en invoquant les occupations que lui donne l'Académie à laquelle il est attaché, il en serait référé au secrétaire perpétuel de cette Académie.

ARTICLE 6.

Aucun employé ou auxiliaire, rétribué ou non, ne peut être admis au Secrétariat sans une décision de la Commission centrale.

ARTICLE 7.

Les huissiers, gardiens de bureau, hommes de peine et concierges sont sous les ordres directs du chef du Secrétariat, qui est responsable de leur service.

ARTICLE 8.

Les gardiens et hommes de peine doivent commencer leur service à huit heures du matin.

Entre onze heures et deux heures, ils prennent le temps nécessaire pour déjeuner, suivant un roulement arrêté par le chef du Secrétariat et affiché au Secrétariat.

Ils restent au bureau jusqu'à six heures du soir et ne peuvent s'absenter sous aucun prétexte sans l'autorisation du chef du Secrétariat.

ARTICLE 9.

Les fonctionnaires, les agents et sous-agents du Secrétariat peuvent obtenir chaque année des congés payés, dont la durée fixée par la Commission administrative centrale ne doit pas excéder trente jours.

Les demandes de congés annuels sont présentées à la Commission administrative centrale et arrêtées par elle, dans le courant du mois de mai, suivant un état préparé par le chef du Secrétariat. Celui-ci, lorsqu'un congé lui est accordé ou lorsqu'une mission lui est confiée, fait agréer au président et au secrétaire de la Commission le rédacteur chargé de le suppléer.

Article 10.

Une délibération de la Commission administrative centrale détermine l'affectation des locaux destinés aux divers services de l'Institut ou de chaque Académie.

Aucun registre, dossier, carton ou document ne peut être déplacé ou communiqué à quelque personne que ce soit sans l'autorisation écrite du secrétaire de la Commission ou du secrétaire perpétuel de l'Académie intéressée.

Article 11.

Sont abrogés les règlements des 10 mai 1830 et 22 février 1886, ainsi que toutes autres dispositions contraires au présent règlement.

Article 12.

(Disposition transitoire.)

Jusqu'à la réorganisation des services qui suivra la fin des hostilités, il pourra être dérogé à la règle fixant de dix heures à six heures la durée d'ouverture des bureaux, par décision du président de la Commission

2

administrative centrale, prise sur le rapport du secrétaire.

ARTICLE 13.

Le présent règlement sera soumis à l'approbation du
ministre de l'Instruction publique.

Le Président de la Commission administrative
centrale de l'Institut,

Signé : FRÉDÉRIC MASSON

Le ministre de l'Instruction publique et des Beaux-
Arts,

ARRÊTE :

Est approuvé le règlement sur le service du Secrétariat de l'Institut de France qui a été adopté par la
Commission administrative centrale dans sa séance du
22 mai 1917 et tel qu'il est ci-annexé.

Fait à Paris, le 13 juin 1917.

Signé : T. STEEG.

DISPOSITION ADDITIONNELLE

POUR LE

SERVICE DE LA COMPTABILITÉ

Adoptée dans la séance
de la Commission administrative centrale
du 26 juin 1917

Les articles 3, 6, 8, 9 et 12 du règlement du Secrétariat, du 22 mai 1917, sont applicables aux fonctionnaires et agents employés au service de la Comptabilité de l'Institut.

RÈGLEMENT

SUR LA

COMPTABILITÉ DES FONDATIONS

ET L'ADMINISTRATION FINANCIÈRE

DE L'INSTITUT DE FRANCE

TITRE PREMIER

Dispositions générales.

ARTICLE PREMIER.

Le présent règlement est applicable à toutes les fondations de l'Institut, sauf à celle du domaine de Chantilly, pour lequel il existe un règlement spécial.

ARTICLE 2.

Les services financiers des fondations de l'Institut de France et des Académies qui le composent s'exécutent par gestion et par exercice, et il en est rendu compte de la même manière.

ARTICLE 3.

La gestion comprend toutes les opérations de recette et de dépense effectuées dans une même année ou pendant la durée des fonctions du comptable.

ARTICLE 4.

Le budget est l'acte par lequel sont prévues et autorisées les recettes et les dépenses annuelles.

L'exercice est la période d'exécution des services du budget.

Les droits acquis et les services faits du 1ᵉʳ janvier au 31 décembre de l'année qui donne son nom à un budget sont seuls considérés comme appartenant à l'exercice de ce budget.

ARTICLE 5.

La période d'exécution des services du budget embrasse, outre l'année même à laquelle ce budget s'applique, des délais complémentaires accordés sur l'année suivante pour achever les opérations relatives au recouvrement des produits, à la constatation des droits acquis, à la liquidation, au mandatement et au payement des dépenses.

A l'expiration de ces délais, l'exercice est clos. L'époque de la clôture de l'exercice, en ce qui concerne les fondations de l'Institut de France, est fixée au 31 mars de la seconde année pour la liquidation et l'ordonnancement des sommes dues aux créanciers, et au 30 avril de cette seconde année pour compléter les opérations relatives au recouvrement des produits et au payement des dépenses.

ARTICLE 6.

Le président de la Commission administrative de l'Institut de France, en ce qui concerne les fondations

de l'Institut, et le secrétaire perpétuel de chaque Académie, en ce qui concerne cette Académie, sont ordonnateurs des dépenses imputables sur les produits des
fondations; en cas d'absence ou d'empêchement, le
président de la Commission administrative centrale est
suppléé par le secrétaire ou, à défaut de ce dernier,
par un autre membre de cette Commission ; les secrétaires perpétuels sont suppléés dans les mêmes circonstances par un des deux membres de la Commission
administrative de l'Académie intéressée. Ces suppléants
doivent être accrédités auprès du comptable chargé des
payements.

Un conseil technique, relevant directement du président de la Commission administrative centrale et des
secrétaires perpétuels, les assiste dans la préparation et
dans l'exécution du budget des fondations.

Il fait préparer les projets de budget et le compte
administratif. Il vise les titres de recettes, les marchés,
décisions de toutes natures portant autorisation de
dépenses, liquidation de dépenses et mandat de payement soumis à la signature des ordonnateurs. Il fournit
à ceux-ci tous les renseignements qu'ils jugent utile de
lui demander sur l'état des crédits et des disponibilités.
Il surveille l'engagement de toutes les dépenses, leur
exécution et celle de tous les marchés.

Les agents qui préparent l'ordonnancement des dépenses à imputer sur les budgets des fondations sont
sous ses ordres.

Le Conseil technique est chargé de la préparation de
tous les engagements de dépense à imputer sur le budget
de l'État.

Il liquide ces dépenses, en prépare l'ordonnancement et adresse au ministre les pièces de comptabilité qui s'y rapportent.

Les agents qui doivent concourir à la préparation des mesures indiquées dans les deux alinéas précédents sont placés sous ses ordres.

Les dépenses de l'État sont ordonnancées au nom des créanciers ; toutefois les mêmes dépenses peuvent faire l'objet d'un service régi par économie.

La rémunération du Conseil technique est fixée par la Commission administrative centrale.

ARTICLE 7.

Les recettes et les dépenses s'effectuent par un receveur chargé, seul et sous sa responsabilité, de faire toutes diligences pour assurer la rentrée des revenus et créances, ainsi que d'acquitter les dépenses mandatées par l'ordonnateur, jusqu'à concurrence des crédits régulièrement ouverts.

Ce comptable est nommé par la Commission administrative centrale. Le choix de la Commission peut se porter sur un agent du Trésor public : dans ce cas, la nomination est subordonnée à l'agrément du ministre des Finances. La Commission administrative centrale fixe la rémunération du receveur.

Les fonctions de comptable ne peuvent être exercées par un agent des ordonnateurs.

Les fonctions d'ordonnateur sont incompatibles avec celles de comptable.

ARTICLE 8.

Les titres de rente et autres valeurs mobilières provenant des fondations sont déposés à la Caisse des dépôts et consignations, qui en perçoit les arrérages. La Caisse des dépôts et consignations transmet au comptable de l'Institut, à la fin des mois de janvier, avril, juillet et octobre, un bordereau faisant connaître le montant et la date de chaque recette, ainsi que la fondation à laquelle elle appartient.

La Caisse des dépôts et consignations ouvre à chaque Académie et à l'Institut des comptes où sont versés les arrérages qu'elle perçoit, ainsi que les fonds, provenant des revenus d'immeubles ou de valeurs non encore déposées, encaissés par le comptable de l'Institut.

La portion du solde créditeur de ces comptes qui excède la somme nécessaire au service régulier des fondations peut être placée par les Commissions administratives en rentes ou en valeurs du Trésor.

Il est fait dépense au compte budgétaire des Académies ou de l'Institut, sous l'article « Frais d'exécution des fondations », des sommes employées aux achats de rentes et de valeurs du Trésor.

La Caisse des dépôts verse à des comptes spéciaux ouverts à chaque Académie et à l'Institut les arrérages des rentes ou obligations d'État acquises dans les conditions prévues au paragraphe précédent et les intérêts qu'elle alloue aux sommes placées en compte courant.

La Caisse des dépôts ouvre aussi à l'Institut et à chaque Académie un compte de fonds particuliers destiné à recevoir les fonds encaissés par le comptable et ne se rattachant à aucune fondation.

Article 9.

Toute personne autre que le comptable qui, sans autorisation légale, s'est ingérée dans le maniement des deniers de l'établissement est, par ce seul fait, constituée comptable, sans préjudice des poursuites qu'elle aurait encourues, par application de l'article 258 du Code pénal, comme s'étant immiscée sans titre dans des fonctions publiques.

Article 10.

Les dispositions des lois, décrets et ordonnances concernant les obligations des receveurs communaux et les responsabilités qui s'y rattachent, en particulier celles de l'arrêté consulaire du 19 vendémiaire an XII, relatives au recouvrement des revenus et à la conservation des droits, sont applicables au comptable de l'Institut de France.

Une hypothèque légale sur les biens du comptable est attribuée aux droits et créances de l'établissement, par application de l'article 2211 du Code civil.

Article 11.

Les trésoriers généraux et la Caisse centrale du Trésor sont autorisés par le ministre des Finances à servir d'intermédiaires pour le payement des dépenses de l'Institut à effectuer dans les départements.

A cet effet, les mandats émis dans les conditions

prévues au titre II du présent règlement sont payés à présentation par les trésoriers-payeurs généraux ou, pour leur compte et sur leur visa, par les comptables sous leurs ordres. Ces mandats, transmis ensuite à la Caisse centrale du Trésor, sont présentés par elle à la caisse du comptable de l'Institut, qui les porte en dépense dans ses écritures et en rembourse le montant.

ARTICLE 12.

Pour le payement des prix décernés à des personnes résidant à l'étranger, l'Institut est autorisé à recourir à l'intermédiaire des agents diplomatiques.

À cet effet, le chef de poste diplomatique ou consulaire, après que l'autorisation de l'Institut lui aura été transmise par le ministre des Affaires étrangères, remet au bénéficiaire du prix une traite en francs du montant exact de la valeur du prix décerné, payable à quinze jours de vue et tirée sur la Caisse centrale du Trésor public.

Avis de l'émission est transmis d'urgence par le chef de poste à la Caisse centrale du Trésor public. Les pièces justifiant l'émission de la traite sont adressées directement à l'Institut. Le président de la Commission administrative pour l'Institut, le secrétaire perpétuel pour chaque Académie, après avoir accepté la traite, délivrent un mandat de régularisation au nom du caissier-payeur central.

ARTICLE 13.

Le comptable doit, avant son entrée en fonctions, verser au Trésor un cautionnement pour la garantie de

sa gestion, ou justifier de son admission dans une
association de cautionnement mutuel reconnue par
l'État et prêter serment devant la Cour des comptes.

Le montant du cautionnement est fixé par arrêté du
ministre de l'Instruction publique et des Beaux-Arts.

TITRE II

Du Budget et des Crédits.

ARTICLE 14.

Le budget des fondations est divisé en six sections,
selon qu'elles appartiennent à l'Institut ou à chacune
des cinq Académies.

Chaque fondation fait l'objet d'un article en recettes
et en dépenses. Un article est également ouvert, en
recette et en dépense, dans chacune des six sections,
pour les frais d'exécution des fondations, et, en outre,
dans la section affectée à l'Institut, pour les frais communs d'exécution des fondations.

Dans chaque article, les recettes ou les dépenses qui
ne sont pas de même nature sont classées à des paragraphes distincts.

Les propositions concernant les différentes sections
du budget sont faites, savoir : pour la section relative
aux fondations de l'Institut, par la Commission administrative centrale; et, pour chacune des sections relatives aux fondations de chaque Académie, par sa Commission administrative.

Le projet de budget de toutes les fondations est soumis par le président de la Commission administrative centrale à cette Commission ; il est délibéré par elle et arrêté par le ministre de l'Instruction publique.

Il en est de même du projet de budget définitif.

Le projet de budget rappelle les prévisions de recettes et de dépenses de l'exercice précédent.

Le projet de budget est présenté à la Commission administrative centrale dans la deuxième quinzaine de novembre. Dans la quinzaine suivante, il est transmis au Ministre.

ARTICLE 15.

Le budget définitif est présenté aux Commissions administratives dans la première quinzaine du mois de juillet et à la Commission administrative centrale dans la deuxième quinzaine du même mois. Il mentionne les excédents de recettes de l'exercice précédent et détermine le total des crédits susceptibles d'être employés pendant l'exercice courant, en indiquant à part les sommes à réserver pour les prix qui ne doivent pas être décernés dans le cours de l'année.

ARTICLE 16.

Les recettes de chaque fondation comprennent les revenus des biens, meubles et immeubles, qui composent les fondations.

Les produits de chaque fondation ne peuvent être affectés qu'au payement des dépenses prescrites ou autorisées par les actes constitutifs de la fondation.

ARTICLE 17.

Les fonds particuliers visés à l'article 8 sont employés conformément aux décisions des Commissions administratives. Les intérêts produits par le placement des revenus des fondations sont portés en recettes dans chacune des six sections au budget sous l'article : « Ressources affectées à l'exécution des fondations ». Ils sont employés à acquitter les frais particuliers des fondations de chaque Académie et de l'Institut, et, en outre, leur contribution aux frais d'exécution communs à toutes les fondations.

L'Institut et les Académies contribuent aux frais communs d'exécution des fondations dans les proportions fixées par la Commission administrative centrale. Ces contributions sont centralisées en recettes à l'article spécial ouvert à cet effet dans la section du budget affecté à l'Institut.

Aucune allocation, permanente ou renouvelable, ne peut être attribuée à un agent attaché à l'Institut sur les fonds propres à une Académie. Aucune allocation dépassant vingt francs ne peut être attribuée par une Académie à un agent attaché à l'Institut, pour travaux exceptionnels concernant cette Académie, effectués en dehors de son service normal, sans que la Commission administrative centrale ait été préalablement consultée.

ARTICLE 18.

Aucune dépense imputable sur les crédits ouverts au budget ne peut être engagée que par l'ordonnateur.

L'ordonnateur ne peut, sous sa responsabilité, engager aucune dépense avant qu'il ait été pourvu au moyen de la payer par un crédit régulièrement ouvert.

Le président de la Commission administrative centrale, et, pour chaque Académie, le secrétaire perpétuel, transmettent au comptable de l'Institut de France les titres de recettes, le budget et les autorisations spéciales.

L'ordonnateur passe les marchés et procède aux adjudications convenables pour l'exécution des fondations ou l'entretien de leurs services, dans les formes et dans les conditions prescrites par le décret du 18 novembre 1882.

TITRE III

Recettes.

ARTICLE 19.

Le comptable délivre des quittances à souche pour toutes les sommes versées à sa caisse, exception faite de celles provenant de retraits opérés aux comptes ouverts à l'Institut et aux Académies dans les écritures de la Caisse des dépôts et consignations. Donnent également lieu à quittance l'encaissement par la Caisse des dépôts et consignations des arrérages des rentes et autres valeurs mobilières dont elle est dépositaire, ainsi que la constatation en recette des intérêts servis par la Caisse des dépôts et consignations aux fonds placés en compte-courant.

Les quittances sont détachées d'un registre à souche;

elles indiquent la nature du produit encaissé, la fondation au profit de laquelle le recouvrement est effectué
et, s'il y a lieu, le nom de l'Académie à laquelle elle
appartient.

Le retrait des fonds placés en compte-courant à la
Caisse des dépôts s'effectue sur une autorisation de
remboursement délivrée par l'ordonnateur et donne lieu
à une quittance signée par le comptable. Ces autorisations sont détachées d'un carnet à souche tenu par
l'ordonnateur.

Article 20

Les quittances à souche délivrées en conformité de
l'article précédent sont assujetties au droit de timbre
de 0 fr. 25, sauf les exceptions prévues à l'article 20
de la loi du 23 août 1871.

Le prix du timbre, lorsqu'il est exigible, s'ajoute de
plein droit au montant de la somme due et est soumis
au même mode de recouvrement.

Article 21.

Le comptable est tenu de faire, sous sa responsabilité
personnelle, toutes les diligences nécessaires pour assurer
la perception des revenus et toutes autres ressources
affectées au service des fondations ; de faire faire contre
les débiteurs en retard de payer, et à la requête du
président de la Commission administrative centrale ou
du secrétaire perpétuel de chaque Académie, les exploits,
significations, poursuites et commandements nécessaires,
d'avertir lesdits président et secrétaires de l'échéance
des baux, d'empêcher les prescriptions, de veiller à la

conservation des domaines, droits, privilèges et hypothèques, de requérir à cet effet l'inscription au bureau
des hypothèques de tous les biens qui en sont susceptibles, et de tenir registre desdites inscriptions et autres
poursuites et diligences.

Article 22.

Des états de tous les biens meubles et immeubles
constituant les fondations de l'Institut et celles de
chaque Académie sont dressés par les ordonnateurs, et
copies en sont transmises par eux au comptable.

Celui-ci reçoit, par la même voie, une expédition de
tous les actes constitutifs des fondations autres que les
titres de rente, titres de propriété, baux, contrats,
jugements et autres actes établissant les droits de l'Institut et des Académies. Il donne récépissé de ces expé-
ditions, qui sont mentionnées sur un registre et
conservées par lui.

Article 23.

Si, au 30 avril de la seconde année, il existe des
restes à recouvrer sur quelques-uns des produits ou
revenus des fondations, le comptable rend compte et
justifie à l'ordonnateur des circonstances qui se sont oppo-
sées à la rentrée des reliquats : il établit à cet effet un
bordereau détaillé des sommes qui devaient être perçues.

L'ordonnateur détermine sur cet état :

1° La portion de l'arriéré qu'il y a lieu de reporter à
l'exercice suivant;

2° La portion dont le comptable serait dans le cas
d'obtenir décharge;

3

3° Celle qui devrait demeurer à la charge du comptable.

La Commission administrative centrale statue sur ces trois propositions.

L'ordonnateur assure l'exécution de cette décision au moyen d'un arrêté inséré à la suite de l'état des restes à recouvrer.

Au vu de cet arrêté, le comptable déduit, du montant des sommes qui devraient être perçues au cours de l'exercice expiré, l'ensemble des restes à recouvrer au 3o avril précédent, et il prend charge, comme créances nouvelles de l'exercice en cours, des sommes transportées à cet exercice et de celles mises à sa charge.

TITRE IV

Dépenses.

ARTICLE 24.

La constatation des droits des créanciers doit précéder le mandatement, sauf l'exception spécifiée à l'article 36 du présent règlement et relative aux menues dépenses au comptant.

Cette constatation résulte des pièces justificatives dûment arrêtées.

ARTICLE 25.

Toutes les dépenses d'un article doivent être liquidées avant l'expiration du délai complémentaire fixé par l'article 4.

Les créances dont les titres ont été déposés trop tardivement pour que le mandatement puisse en être fait avant la clôture de l'exercice doivent néanmoins être liquidées, afin que le montant en soit compris dans les restes à payer de cet exercice.

ARTICLE 26.

Il est procédé à la liquidation des droits acquis soit d'office, soit à la demande des créanciers et d'après les pièces produites par eux ou dans leur intérêt.

Les titres de chaque liquidation doivent offrir la preuve des droits acquis aux créanciers de l'établissement.

ARTICLE 27.

Aucune dépense ne peut être acquittée si elle n'a été préalablement mandatée par l'ordonnateur.

ARTICLE 28.

Le mandat énonce le budget, l'exercice, la section, la fondation, l'article et, s'il y a lieu, le paragraphe auxquels se rapporte la dépense, ainsi que le montant du crédit ouvert au titre de cet article ou de ce paragraphe; il ne peut comprendre qu'une seule créance individuelle ou collective; il indique les pièces justificatives produites à l'appui de la dépense; il est daté; le montant en est exprimé en chiffres et en toutes lettres, et il est signé par l'ordonnateur.

Chaque mandat porte un numéro d'ordre; la série des numéros d'ordre est unique par exercice.

ARTICLE 29.

Le mandat contient toutes les indications de noms et de qualités nécessaires pour permettre au comptable de reconnaître l'identité du créancier.

La partie prenante désignée par le mandat est toujours le créancier réel, c'est-à-dire la personne qui a fait le service, effectué les fournitures ou les travaux, ou qui a un droit à exercer contre l'Institut sur le produit des fondations, à moins qu'il ne s'agisse d'un intermédiaire dûment autorisé (comme le caissier-payeur central du Trésor public).

Il ne peut être émis de mandat au nom du mandataire du créancier, ni au nom du cessionnaire d'une créance. Les mandats délivrés après le décès du créancier, au profit de ses héritiers ne désignent pas chacun d'eux, mais portent seulement cette indication générale : M. X... (les héritiers).

ARTICLE 30.

Tout mandat de payement doit être visé bon à payer par le comptable; il doit être appuyé des pièces qui constatent que son effet est d'acquitter, en tout ou en partie, une dette de l'Institut imputable sur les produits des fondations, régulièrement justifiée conformément à la nomenclature du règlement de comptabilité du ministère de l'Instruction publique.

En cas de payement à des ayants droit ou représentants du titulaire, le comptable doit exiger, sous sa responsabilité et d'après le droit commun, les pièces constatant, selon les cas, les qualités et droits des parties prenantes.

ARTICLE 31.

Les pièces justificatives produites à l'appui d'un mandat doivent être revêtues du visa de l'ordonnateur.

ARTICLE 32.

Les titres produits pour la justification des dépenses, notamment les factures et les mémoires des fournisseurs et des entrepreneurs, doivent indiquer la date précise soit de l'exécution des services ou des travaux, soit de la livraison des fournitures; ils sont totalisés en chiffres et certifiés en toutes lettres, datés et signés par les créanciers, et le domicile de ces derniers doit y être indiqué.

L'ordonnateur doit arrêter en toutes lettres le montant de ces pièces.

ARTICLE 33.

L'arrêté de liquidation des mémoires et des factures de toute fourniture d'objets matériels doit contenir la mention, par le comptable de l'Institut, du numéro de l'inscription desdits objets sur l'inventaire ou sur le catalogue, pour ceux d'entre eux dont la nature comporte cette formalité.

ARTICLE 34.

L'usage d'une grille est interdit pour toute signature à apposer sur les mandats et sur les pièces justificatives.

Article 35.

Les pièces justificatives qui présentent des ratures, altérations ou surcharges ne peuvent être admises sans une approbation signée par ceux qui ont arrêté les mémoires, états ou autres titres, et visée par l'ordonnateur; il en est de même de tout renvoi ayant pour objet d'ajouter des énonciations omises.

L'ordonnateur doit également approuver, par une nouvelle signature, toute rectification apportée à un mandat qu'il a émis.

Article 36.

Des avances peuvent être faites aux régisseurs que les Commissions administratives auront institués pour la gestion des fondations, ainsi qu'aux agents chargés de certains services spéciaux.

Le montant de ces avances est fixé par les Commissions administratives, sans pouvoir dépasser 1 000 francs.

Aucune nouvelle avance ne peut, dans les limites fixées, être faite par le comptable qu'autant que toutes les pièces justificatives de l'avance précédente lui auront été fournies ou que la portion de cette somme dont il resterait à justifier aurait moins d'un mois de date.

Article 37.

L'acquittement des dépenses de chaque fondation est assuré au moyen des seules recettes de toute nature provenant de ladite fondation.

Article 38.

Avant de procéder au payement, le comptable de l'Institut doit s'assurer, sous sa responsabilité, que toutes' les formalités déterminées par les lois et règlements ont été observées, que toutes les justifications sont produites et qu'il n'existe, à ce point de vue, aucune omission ou irrégularité matérielle ; enfin que, par sa date et son objet, la dépense constitue une charge de l'exercice et de la fondation sur lesquels le mandat est imputé.

Article 39.

Le comptable est tenu, sous sa responsabilité, de s'assurer de l'identité des parties prenantes. Tout mandat, appuyé de justifications complètes et régulières et qui n'excède pas la limite du crédit sur lequel il doit être imputé, est payable sur la quittance de la partie prenante ou de son représentant dûment autorisé. La procuration doit être jointe au mandat acquitté.

Article 40.

Le payement des mandats doit être suspendu par le comptable dans le cas : 1° d'insuffisance de fonds provenant de la fondation ; 2° d'absence de crédit ou d'insuffisance du crédit ouvert au budget ; 3° d'opposition dûment signifiée ; 4° de difficultés touchant à la validité de la quittance.

En dehors de ces cas, aucun refus de payement ne peut avoir lieu que pour cause d'omission ou d'irrégularité matérielle dans les pièces justificatives de la dépense, ou à raison de difficultés résultant des constatations prescrites par l'article 38.

Il y a irrégularité matérielle soit lorsque les indications de noms, de services ou de sommes portées dans le mandat ne sont pas d'accord avec celles qui résultent des pièces justificatives y annexées, soit lorsque ces pièces ne sont pas conformes aux règlements ou aux indications mêmes de l'ordonnateur, soit enfin lorsque la comparaison des divers éléments de la dépense payée ou à payer fait ressortir un double emploi.

Article 41.

Les motifs de tout refus de payement doivent être énoncés dans une déclaration écrite et immédiatement délivrée par le comptable au titulaire du mandat.

Si l'ordonnateur requiert par écrit et sous sa responsabilité personnelle qu'il soit passé outre au payement, le comptable y procède immédiatement et il annexe au mandat, avec une copie de la déclaration, l'original de la réquisition qu'il a reçue.

Le président de la Commission administrative centrale informe le ministre de l'Instruction publique des réquisitions qu'il a dû faire pour obtenir le payement de mandats émis pour le service des fondations de l'Institut de France.

Lorsque le mandat a été émis pour le service d'une fondation spéciale à une Académie, le secrétaire perpétuel de cette Académie avise tout de suite le président de la Commission administrative centrale des circonstances qui ont accompagné la réquisition, afin que ce dernier en informe le ministre de l'Instruction publique.

ARTICLE 42.

Le droit de réquisition accordé à l'ordonnateur ne pourra jamais s'exercer quand le refus de payement du comptable sera fondé sur l'un des motifs énoncés au premier alinéa de l'article 40.

ARTICLE 43.

Si le comptable refuse ou retarde indûment un payement régulier ou ne délivre pas au titulaire du mandat la déclaration motivée de son refus, il est responsable des dommages qui peuvent en résulter.

ARTICLE 44.

Les imputations de payement reconnues erronées pendant le cours d'un exercice sont rectifiées dans les écritures du comptable au moyen de certificats de réimputation délivrés par l'ordonnateur.

Les changements d'imputation ne sont plus admis, dès que le compte du comptable a été définitivement arrêté.

ARTICLE 45.

La quittance de la partie prenante est apposée sur le mandat; elle peut être donnée par acte séparé. Elle est datée et ne doit contenir ni restrictions ni réserves.

Les payements faits à un comptable de deniers publics, en cette qualité, donnent lieu, en outre, à la délivrance d'une quittance à souche ou d'un récépissé à talon qui est annexé au mandat acquitté par ordre.

Lorsqu'il s'agit de payements collectifs, il peut être suppléé aux quittances individuelles des ayants droit par des états d'émargement dûment certifiés par l'ordonnateur; ces états désignent la personne autorisée à recevoir le montant du mandat et à donner quittance sur ce mandat.

Article 46.

Les reçus, quittances ou décharges sous seing privé émanant des particuliers, autres que ceux donnés pour l'ordre de la comptabilité, sont passibles du timbre établi par l'article 18 de la loi du 23 août 1871 et l'article 28 de la loi du 15 juillet 1914, sauf les exceptions déterminées en exécution des lois par les décisions et instructions du ministre de Finances.

Article 47.

Toutes saisies-arrêts ou oppositions sur les sommes dues par l'Institut sur le service des fondations, toutes significations de cession ou de transport desdites sommes et toutes autres ayant pour objet d'en arrêter le payement doivent être faites entre les mains du comptable.

Sont considérées comme nulles et non avenues toutes significations ou oppositions faites à d'autres personnes que le comptable.

Article 48.

Les mandats qui ne sont pas présentés au payement avant le 30 avril de la seconde année de l'exercice sont annulés, et les dépenses qui en font l'objet ne peuvent être acquittées qu'au moyen d'un nouveau mandement sur l'exercice suivant.

ARTICLE 49.

Lors de la clôture de l'exercice, le comptable remet à l'ordonnateur un état détaillé des sommes restant à payer, en indiquant la nature de la créance, le nom des créanciers et la somme due; il joint les pièces justificatives des dépenses non acquittées.

ARTICLE 50.

Les reversements de fonds provenant de sommes mandatées en trop à des créanciers des fondations sont prescrits par l'ordonnateur, qui délivre un ordre de reversement.

TITRE V

Écritures et Comptes.

§ 1. — *Écritures de l'agent comptable.*

ARTICLE 51.

Les opérations effectuées par le comptable sont décrites dans les lignes suivantes :

1° Un registre à souche, sur lequel le comptable inscrit, à leur date, par ordre de numéro et sans lacune. toutes les sommes encaissées soit par lui (exception faite toutefois de celles provenant de retraits de fonds à la Caisse des dépôts et consignations), soit par cette caisse elle-même;

2° Un livre-journal servant à enregistrer les opérations de caisse, les mouvements de fonds relatifs aux placements et avances, y compris les retraits à la Caisse des dépôts et consignations, et toutes les recettes et dépenses effectuées tant par ladite Caisse que par le comptable lui-même pour le compte des fondations des cinq Académies et de l'Institut;

3° Un grand-livre où sont ouverts :

a) Des comptes pour les fonds placés ou avances ;

b) Des comptes généraux faisant ressortir la situation globale des fondations de chacune des six sections de l'Institut;

4° Un livre des comptes divers, sur lequel est ouvert à chaque fondation un compte spécial où sont reportées toutes les opérations effectuées en recettes et en dépenses.

ARTICLE 52.

Le comptable établit, d'après ses écritures, à la date du 31 décembre, ou au dernier jour de la gestion en cas de mutations pendant l'année, une situation d'ensemble des opérations effectuées donnant le solde des fonds appartenant à chaque fondation.

Le président de la Commission administrative centrale vérifie, aux mêmes époques, la caisse du comptable et dresse procès-verbal de cette vérification en double expédition, dont l'une est produite à la Cour des comptes et l'autre est conservée par le comptable.

Ce procès-verbal est rapproché de la situation de

caisse établie par le comptable et constate la concordance ou les différences, s'il y a lieu.

§ 2. — *Compte de l'ordonnateur.*

ARTICLE 53.

Chaque année, les ordonnateurs soumettent à la Commission administrative centrale, ou à la Commission administrative de chaque Académie, suivant le cas, avant le 15 juin, le compte de l'exercice clos.

Ce compte présente, par colonnes distinctes, et dans l'ordre des sections, fondations, articles et, s'il y a lieu, paragraphes du budget .

En recette :

1° La nature des recettes ;

2° La fixation définitive des sommes à recouvrer d'après les titres justificatifs ;

3° Les sommes recouvrées jusqu'à la clôture de l'exercice ;

4° Les sommes restant à recouvrer à reporter à l'exercice suivant.

En dépense :

1° Les articles et, s'il y a lieu, les paragraphes de dépense du budget ;

2° Le montant des crédits ;

3° Le montant des sommes payées sur ces crédits jusqu'à la clôture de l'exercice ;

4° Les restes à payer à reporter au budget de l'exercice suivant ;

5° Les crédits ou portions de crédits à annuler faute d'emploi dans les délais prescrits. Chaque ordonnateur

joint d'ailleurs au compte de sa section les développe-
ments et explications nécessaires pour éclairer la Commission ainsi que l'autorité supérieure, et leur permettre d'apprécier ses actes administratifs pendant
l'exercice qui vient de se terminer.

Chaque Commission administrative donne son avis
sur le compte de l'ordonnateur ; l'ordonnateur se retire
au moment du vote.

Ces avis sont transmis au président de la Commission administrative centrale, laquelle délibère sur l'ensemble du compte qui est transmis ensuite par le président au ministre de l'Instruction publique.

Ce compte est définitivement approuvé par le
ministre ; un exemplaire en est joint au compte du
comptable.

§ 3. — *Compte du comptable.*

ARTICLE 54.

Les comptes rendus par le comptable embrassent les
opérations des douze premiers mois de l'exercice formant la deuxième partie de la gestion et les opérations
complémentaires du même exercice formant la première partie de la gestion suivante. Ils présentent, par
colonnes distinctes, et dans l'ordre des sections, des
articles et paragraphes du budget .

En recette :

1° La nature des recettes ;

2° Le montant des produits d'après les titres et
actes justificatifs ;

3° La fixation définitive des sommes à recouvrer ;

4° Les sommes recouvrées pendant la première année de l'exercice et pendant les quatre mois complémentaires ;

5° Les sommes restant à recouvrer, à reporter au budget de l'exercice suivant.

En dépense :

1° Les articles et paragraphes de dépenses du budget ;

2° Le montant des crédits ;

3° Le montant des sommes payées sur ces crédits soit dans la première année de l'exercice, soit dans les quatre mois complémentaires ;

4° Les restes à payer, à reporter au budget de l'exercice suivant ;

5° Les crédits ou portions de crédits à annuler faute d'emploi dans les délais prescrits.

Les recettes et les dépenses sont classées dans l'ordre des sections, fondations, articles et paragraphes du budget.

ARTICLE 55.

Le comptable n'est responsable que de sa gestion personnelle.

En cas de mutation, le compte de l'année est divisé suivant la durée de la gestion des différents titulaires ou intérimaires, et chacun d'eux rend séparément le compte des opérations qui le concernent.

ARTICLE 56.

En cas de mutation, le compte de chaque comptable est appuyé des pièces justificatives afférentes aux faits de recette et de dépense qu'il doit décrire dans son compte.

Les opérations de chacun des comptables en fonctions dans le cours d'un même exercice sont rappelées au compte du comptable en fonctions à la fin de l'exercice.

ARTICLE 57.

Les comptes sont dressés en double expédition.

Ils doivent être affirmés sincères et véritables tant en recette qu'en dépense, sous les peines de droit, et être datés et signés par le comptable ou par ses ayants cause. Les renvois et les ratures doivent être approuvés et signés par le comptable.

ARTICLE 58.

Le compte établi par le comptable est ensuite soumis à l'examen de la Commission administrative centrale de l'Institut, en même temps que le compte d'administration de l'ordonnateur; le comptable tient, à cet effet. ses pièces de comptabilité à la disposition de la Commission, sans cependant s'en dessaisir.

La Commission prend une délibération spéciale sur les résultats du compte. Copie de cette délibération est produite à l'appui du compte.

ARTICLE 59.

Le comptable joint, à l'appui de son compte, les pièces ci-après :

1° La situation de la caisse au 31 décembre;

2° Le budget de l'exercice et le budget additionnel;

3° Un état des recettes supplémentaires et un état des crédits supplémentaires (non prévu au budget);

4° L'état des propriétés foncières, des rentes et créances composant l'actif des fondations;

5° Les états détaillés des créances et des dettes à la clôture de l'exercice;

6° Le bordereau sommaire des adjudications et marchés passés, s'il y a lieu, pour le service des fondations, les fournitures et travaux pendant l'année;

7° Copie de la délibération de la Commission administrative centrale prise conformément à l'article précédent du présent règlement;

8° Une expédition du compte de l'ordonnateur, conformément à l'article 53.

Indépendamment des pièces principales indiquées ci-dessus, le comptable produit, pour chacun des articles de recettes et de dépenses, les pièces justificatives de recettes (titres de recettes, mandats acquittés, factures, mémoires, etc.).

Pour les recettes, les titres justificatifs des recettes indiquent, pour chaque article de recette du budget, le montant des sommes à recouvrer (arrérages de rentes, revenus d'immeubles, etc.); ils sont certifiés exacts par l'ordonnateur.

Pour les dépenses, les mandats acquittés par les parties prenantes et les pièces justificatives à l'appui sont classés par articles et renfermés dans des bordereaux détaillés qui font connaître le nombre des

4

pièces jointes à chaque mandat et les sommes payées.

Les titres justificatifs des recettes et les bordereaux de dépenses portent les divisions du compte et les numéros des articles.

Un bordereau général des pièces produites à l'appui de son compte est dressé par le comptable.

Article 6o.

Le compte de gestion est certifié par le comptable et visé par l'ordonnateur. Il est, quel que soit le chiffre des recettes et des dépenses, réglé et apuré par la Cour des comptes. Il est transmis à la Cour avec toutes les pièces justificatives, avant le 1er août de la seconde année de l'exercice.

Article 61.

L'arrêt rendu par la Cour des comptes sur le compte du comptable de l'Institut de France lui est immédiatement notifié par le greffier de la Cour.

Une expédition est transmise au président de la Commission administrative centrale de l'Institut, par l'intermédiaire du ministre de l'Instruction publique.

Des accusés de réception sont adressés à la Cour dans la quinzaine de la notification.

Article 62.

Les injonctions que lesdits arrêts imposent au comptable doivent être exécutées dans le délai de deux mois à partir de la notification.

Les pièces et explications destinées à satisfaire aux injonctions sont adressées à la Cour. Elle sont accompagnées d'un état présentant, dans des colonnes distinctes : 1° la copie textuelle des injonctions ; 2° les réponses ou explications du comptable et l'indication des pièces produites.

Article 63.

En cas de retard dans la présentation des comptes, il peut être pourvu à leur reddition par l'institution d'un commis d'office nommé par le ministre de l'Instruction publique et des Beaux-Arts.

Le comptable en retard de produire ses comptes est passible des peines prononcées par les lois et règlements.

Article 64.

Lorsque le comptable demande le remboursement de son cautionnement, il doit justifier de sa libération par un certificat du président de la Commission administrative centrale, sans préjudice des autres pièces exigées par le règlement du ministère des Finances en date du 26 décembre 1866.

Article 65.

Les divers documents dont l'emploi est prescrit au présent règlement sont établis sur des formules conformes aux modèles donnés dans l'annexe au règlement de comptabilité du ministère de l'Instruction publique du 16 octobre 1867.

Article 66.

Sont et demeurent abrogées toutes les dispositions contraires au présent règlement.

Fait à Paris, le 20 décembre 1916.

Le Ministre des Finances,

Le Garde des Sceaux, Ministre de la Justice, de l'Instruction publique et des Beaux-Arts.

Signé : A. RIBOT.

Signé : RENÉ VIVIANI.

TABLE

Paris — Typ. de Firmin-Didot et Cⁱᵉ, impr. de l'Institut, rue Jacob, 56. — 33915.